Mme ARMAND, Médium-Spirite.

LE
Guide de la Vie
PAR
Le Spiritisme

Exposé succinct de la Doctrine spirite
et Conseils à mettre en pratique dans la Vie

Dicté par les Esprits.

PRIX : UN FRANC

TOULOUSE
Mme ARMAND, Boulevard Lazare-Carnot, 54

1906
TOUS DROITS RÉSERVÉS

Mme ARMAND, Médium-Spirite.

Guide de la Vie
PAR
Le Spiritisme

Exposé succinct de la Doctrine spirite
et Conseils à mettre en pratique dans la Vie

Dicté par les Esprits

PRIX : UN FRANC

TOULOUSE
EN VENTE CHEZ L'AUTEUR
Mme ARMAND, Boulevard Lazare-Carnot, 54

1906
TOUS DROITS RÉSERVÉS

TOULOUSE — IMPRIMERIE J. GAUBERT, BOULEVARD CARNOT, 54.

PRÉFACE

En faisant cet Ouvrage, chers lecteurs, nous espérons vous donner quelques conseils qui vous seront utiles. Depuis déjà quelques années, le **Spiritisme** a pris de grandes proportions, et nous sommes certain que nos conseils parviendront à donner la croyance aux plus incrédules.

En lisant cet Ouvrage, les personnes attristées y trouveront des consolations. Quelle est celle qui, ayant perdu un parent, un ami ou enfin un être cher, ne sera heureuse de comprendre qu'il y a une seconde existence, et que ces êtres disparus peuvent la conseiller dans la vie, guider ses pas dans la voie du bien et de la charité ?

Donc, chers lecteurs, lisez avec intérêt ces quelques lignes qui vous donneront le courage et la force de supporter les afflictions de la vie, car vous comprendrez, par ce moyen, qu'il y a une seconde existence, et qu'en remplissant vos devoirs sur la terre par la charité, la vertu et la prière, vous arriverez à un degré de perfection dont Dieu vous tiendra compte un jour en recevant votre âme.

UN ESPRIT PROTECTEUR.

LE SPIRITISME

ET LES RELIGIONS

Le spiritisme est la doctrine en vertu de laquelle Dieu a donné mission aux esprits d'inspirer les diverses religions qui servent à le faire connaître et à l'honorer sur toute la surface de la terre.

Les préceptes de cette doctrine sont contenus dans toutes les religions ; ce sont ceux que Dieu a mis dans le cœur de chacun en lui donnant une âme qui renferme le principe du bien et du mal, le jugement et la force nécessaires pour les discerner l'un de l'autre, pour pratiquer le bien et repousser le mal.

Ces préceptes sont les suivants :
Crois en Dieu.
Honore ton père et ta mère.
Aime ton prochain.
Rends le bien pour le mal.

Ne fais pas aux autres ce que tu ne voudrais qu'on te fît.
Pratique l'aumône et la prière.
Prie également pour ceux qui ne sont plus.
Connais-toi toi-même.
En un mot, conduis-toi bien.

Les esprits ont eu pour mission d'inspirer les hommes, d'après leur croyance, dans les religions établies en conformité des époques, des mœurs, des usages et de la nature des pays.

Si l'on remonte à la plus haute antiquité, on trouve d'abord les religions du paganisme : d'abord celle de l'Egypte (4,000 ans avant Jésus-Christ) ; ensuite, celle de la Grèce ancienne et puis celle de Rome. A côté de celles-là, se trouvait la religion des brahmes à laquelle a succédé le bouddhisme, religion des pays de l'Extrême-Orient qui est encore pratiquée de nos jours.

Ensuite, le christianisme, qui vint révolutionner les mœurs des peuples païens de cette époque et apporter à tout l'Occident les principes de charité et de fraternité qu'il ne possédait que d'une façon imparfaite.

Enfin, l'islamisme ayant pris naissance en Arabie, qui est devenu la religion de certains pays d'Orient.

Dieu avait dit simplement : « Je veux que l'on croie en moi, que l'on me prie et que l'on pratique le bien. »

BOUDDHISME. — En ce qui concerne le bouddhisme, religion antérieure au christianisme, Dieu a fait inspirer cette religion comme les autres par les esprits, en conformité des mœurs et des usages des pays de l'Extrême-Orient ; mais comme cette religion n'a pas donné lieu aux abus du paganisme, il a dit aux esprits : « Laissez-la telle qu'elle est, tant qu'elle suffit aux besoins de ces pays. »

JUDAÏSME. — La religion juive, antérieure au christianisme, celle dont faisaient partie Moïse et les prophètes. C'était la religion de Jésus-Christ lui-même lorsqu'il commença à prendre la parole pour se faire connaître ; également inspirée par les esprits.

CHRISTIANISME. — Lorsque Dieu s'aperçut que les hommes étaient devenus pervers dans la pratique des religions du paganisme et ne suivaient plus les préceptes du bien et de la charité, tels qu'il les avait mis dans la conscience humaine, il envoya Jésus-Christ.

On ne doit pas perdre de vue que le christianisme est la religion la plus récente à part l'islamisme, et que le christianisme met au grand jour les plus beaux préceptes de morale et de charité que Dieu ait mis dans le cœur de l'homme. Il a été institué par Jésus-Christ, envoyé sur la terre pour y remplir cette mission et porter aux hommes la bonne parole. Jésus-Christ avait l'inspiration divine.

ISLAMISME. — A été calqué par Mahomet sur le christianisme, d'après l'Evangile dont il connaissait les préceptes. Mahomet a institué cette religion en la façonnant aux mœurs de son peuple et il était également inspiré.

Quant aux autres religions du paganisme qui sont encore pratiquées chez les peuplades des pays d'Outre-Mer, elles ont été aussi inspirées par les esprits, mais tendent à disparaître pour faire place aux préceptes plus fraternels et moins sanguinaires du christianisme.

FAUSSE CROYANCE

Quand le spiritisme a commencé à être connu en Europe, on a donné à croire, par suite des inconvénients que pouvait présenter la pratique de cette doctrine chez les personnes peu sérieuses, que les évocations étaient une chose particulière aux démons. C'est une erreur. Cette croyance avait été accréditée pour détourner du spiritisme les personnes qui n'en comprenaient pas la sainteté.

Il ne faut pas perdre de vue que l'on reconnaît comme authentiques les apparitions des Anges, de la Vierge, des Saints, de Jeanne d'Arc, et que, dans ces conditions, on ne saurait contester au spiritisme le caractère de sainteté dont il est revêtu ; mais, il faut le répéter bien haut, il doit être pratiqué par des personnes d'une conduite irréprochable et au-dessus de tous soupçons.

Dans ces conditions, les évocations attireront les bons et non les mauvais esprits.

L'AME

A l'encontre des théories des matérialistes qui prétendent qu'après la matière il n'y a plus rien, il y a une âme ou esprit qui est le principe de l'intelligence, et cela permet à l'homme de discerner le bien et le mal et lui donne la marche à suivre pour se conduire dans la vie.

L'âme est appelée à la vie plusieurs fois de suite, selon les conditions où elle se trouve pour être perfectionnée. Lorsqu'elle a terminé une première existence unie à un corps matériel, comme celui de l'homme, elle est rappelée là-haut et revient plus tard prendre place dans un nouveau corps.

C'est ce qu'on appelle la réincarnation.

Le perfectionnement, pour une âme, consiste à apprendre la sagesse selon les Ecritures, le discernement du bien et du mal, la pratique du bien, l'éloignement du mal, et, pour arriver à ce résultat, Dieu lui donne des épreuves qu'elle doit supporter simplement, et il faut tenir compte que ces épreuves lui sont données autant dans la pauvreté que dans la richesse. Elle doit donc se perfectionner par elle-même, car, dans la pauvreté, elle apprend l'abnégation des biens de ce monde, et, dans la richesse, elle apprend la charité et la pratique de l'aumône qui sont les vertus les plus agréables à Dieu.

LE BIEN ET LE MAL

Dieu a mis dans le cœur de l'homme deux principes opposés, ceux du bien et du mal, et il lui a donné en même temps la force nécessaire pour les discerner, pratiquer le bien et repousser le mal; c'est ce qu'on appelle la conscience, et la conscience a son siège dans l'esprit, c'est-à-dire dans l'intelligence.

Ces deux principes sont représentés par les bons et les mauvais esprits.

Les bons inspirent le bien et les mauvais inspirent le mal. Cependant, il ne faut pas perdre de vue que l'homme possède un esprit personnel, et qu'il suffit de la présence d'un esprit familier pour fortifier chez lui l'un ou l'autre de ces sentiments.

Ainsi, quand on réfléchit à une bonne action, l'esprit familier, en vertu de son influence, peut vous pousser à la mettre à exécution, et de même pour une mauvaise.

Voici pourquoi : l'esprit de l'homme livré à lui-même se comporterait d'une façon régulière dans toutes les circonstances de la vie, parce qu'il est seul; s'il est bon, il fera le bien, et s'il est mauvais, il fera le mal, tout cela par lui-même.

Mais il ne faut pas perdre de vue que Dieu ayant donné pour mission aux esprits, quels qu'ils soient, d'exercer leur influence sur leurs frères de sur la terre, l'esprit incarné se trouve rarement seul pour mettre ses entreprises à exécution. Il y est aidé par l'influence de l'un de ses frères, et il arrive que les deux fluides amalgamés ont plus de force qu'un seul et entraînent l'homme d'une façon plus forte.

Les bons attirent les bons. Les mauvais attirent les mauvais.

Nous voici donc en présence d'un bon esprit réincarné sur la terre. Il sera, comme tous, sous l'influence des esprits, mais son tempérament appellera les bons; il fera donc le bien. Cependant, il y en aura de mauvais qui viendront le visiter. Étant bon par lui-même, il aura la force de les repousser et continuera à faire le bien et à se perfectionner. Si, malgré cela, il en écoutait un de mauvais, il pourrait rétrograder, car il serait porté à faire le mal; mais, ayant la force nécessaire pour triompher du mal, il peut résister. C'est ce qu'on appelle la lutte du bien et du mal.

Dans le sens inverse, prenons un mauvais esprit réincarné sur la terre. Son tempérament appellera les mauvais; s'il les écoute, il demeure stationnaire ou met bien longtemps à se perfectionner. Mais s'il profite de la force que Dieu lui a donnée pour faire le bien, et s'il profite également des lois humaines et des progrès de la civilisation qui ont été suggérés aux hommes par les bons esprits et les esprits supérieurs, dans ce cas il attire les bons, et, aidé de leurs conseils, il se perfectionne.

LES ESPRITS

**Manifestations. — Leur but.
Esprits souffrants.**

Les esprits se livrent parfois à des manifestations qui ont pour but d'attirer l'attention des personnes auxquelles ils veulent se manifester. Ces manifestations consistent en coups frappés à l'intérieur des murailles, dans les meubles, et par la sensation à côté des personnes d'un léger courant d'air occasionné par le passage du fluide de l'esprit pour faire comprendre sa présence.

Enfin, lorsque les esprits ne peuvent arriver à se faire comprendre, soit qu'ils aient affaire à des incrédules, soit à des obstinés en matière de spiritisme, ils se permettent quelquefois, mais sans pour cela dépasser les mesures, d'infliger des leçons sur le compte desquelles il ne faut pas se méprendre.

Il faut, dans ce cas, mettre de côté toute incrédulité et avoir recours aux conseils éclairés d'un bon médium.

Ces leçons consistent principalement en

apparitions, et quelquefois, il faut bien le dire, en douleurs nerveuses se produisant chez les personnes, telles que maux de tête, maux d'estomac, idées noires, névralgies de toutes sortes, etc.

Ces manifestations ont pour but d'éclairer les vivants sur la conduite qu'ils doivent tenir sur la terre au sujet de la croyance, du désintéressement, de la charité et des principales vertus chrétiennes. Les vivants ont quelquefois oublié la pratique de ces vertus. Entraînés dans le tourbillon orageux de l'existence, leurs passions se sont déchaînées. Eh bien ! ce sont ces vertus que les esprits se chargent de leur rappeler.

Les vivants ont aussi oublié que la prière sanctifie l'âme et la détache du monde ; qu'il faut prier non seulement pour soi-même, *mais encore pour ceux qui ne sont plus.* Enfin, qu'il faut prier pour obtenir le pardon de ses fautes et le perfectionnement de son âme.

Les esprits viennent dans ces circonstances pour relever le moral des vivants, et il faut écouter religieusement leurs salutaires avertissements. Et lorsqu'il se produit, dans une maison, des manifestations du genre de celles citées plus haut, prendre la ferme résolution de bien se conduire et tenir cette promesse.

DES MÉDIUMS

Les médiums sont des personnes auxquelles Dieu a donné la faculté de servir d'interprètes entre les esprits et les vivants.

Il y a plusieurs sortes de médiums :

Ceux qui parlent endormis.
Ceux qui parlent à l'état de veille.
Ceux qui sont inspirés.
Ceux qui voient les esprits.
Ceux qui écrivent.

Et enfin, *ceux qui font tourner les tables* ou servent aux manifestations matérielles dont les esprits ont besoin pour frapper l'imagination des personnes rassemblées dans une réunion, à seule fin de leur donner la foi dans le spiritisme.

On appelle *médiums parlants*, ceux qui s'endorment par la volonté de l'esprit ; dans ce cas, l'esprit se sert de la parole du médium pour traduire sa pensée, et c'est à cela qu'il faut attribuer le changement du timbre de la voix et de la physionomie du médium.

Ceux qui parlent à l'état de veille sont appelés *médiums auditifs*, parce qu'ils entendent la voix des esprits, de même qu'ils entendraient une personne vivante. Tels étaient Jeanne d'Arc et Mahomet.

Les *médiums inspirés* n'entendent pas les esprits, à proprement parler; ils comprennent que l'esprit leur parle, et le fluide de l'esprit agit sur leur imagination de manière à inspirer leur pensée et à leur faire dire des choses extraordinaires ; voilà ce qu'est l'inspiration. Tel était Jésus-Christ, qui était inspiré par Dieu lui-même.

Les *médiums voyants* sont ceux qui voient les esprits et les entendent en même temps.

On appelle *médiums écrivains* ceux qui écrivent. Ils sont également inspirés par les esprits, mais le fluide agit d'une façon spéciale sur leur bras, en même temps que sur leur cerveau, et leur permet d'écrire sous la dictée ce que l'esprit désire faire connaître aux vivants.

Enfin, ceux qui se prêtent aux manifestations physiques des esprits : tables tournantes, apports d'écriture, etc., sont doués d'un fluide plus puissant que les autres, qui est nécessaire à ces sortes d'expériences. On les appelle *médiums à effets physiques*.

La faculté de médium n'est pas donnée à tout le monde, et doivent s'estimer heureux ceux qui la possèdent, car c'est un don du

Ciel, et Dieu n'accorde cette faculté qu'aux personnes qu'il juge dignes de cette faveur.

Il faut bien se garder de chercher à acquérir cette faculté soi-même, en appelant les esprits, car, si l'on n'en est pas digne, on peut être la risée des mauvais esprits et des esprits farceurs, et il peut en résulter les pires désagréments.

Ensuite, un médium quel qu'il soit ne doit jamais perdre de vue la sainteté de son ministère, et, à cet effet, il ne doit pas en faire une chose vénale, et il ne doit pas non plus faire de cette faculté un sujet de passe-temps ni d'amusement frivole.

CONSULTATIONS

Les consultations auprès d'un médium ont pour effet de résoudre certaines questions qui préoccupent les familles, telles que : mariages, intérêts d'argent, rivalités mesquines, haines dangereuses, etc., et s'il se trouve dans les familles quelqu'un dont l'état nerveux et maladif soit un objet de préoccupations constantes, elles peuvent être également d'une grande utilité.

Dans ce cas, il faut en appeler aux esprits de la famille et leur demander conseil ; on peut également puiser ces conseils à la voix d'un pur esprit ou d'un esprit supérieur, comme il s'en trouve chez certains médiums, qui se charge lui-même d'évoquer les esprits de la famille.

Les consultations ne doivent pas être faites dans un but de curiosité malsaine, ni de cupidité, ni d'envie, ni de rancune. Il ne faut jamais perdre de vue, en venant consulter les esprits, les préceptes de charité et d'abnégation qui doivent se trouver dans le cœur de chacun.

Dieu a permis aux esprits d'éclairer, dans

bien des cas, la conscience des personnes qui sont dans la peine et dans la souffrance, mais il leur a dit d'être très réservés pour répondre à certaines questions qui sont du domaine de la fantaisie. En général, on ne doit poser aux esprits que des questions sérieuses et dignes d'attention.

Les personnes qui consultent ne doivent pas perdre de vue que le **Spiritisme** est une chose sacrée, puisque *c'est l'essence même de toutes les religions*. Elles doivent donc apporter le plus grand respect dans leurs demandes, et, pour poser les questions, se servir de la formule suivante : *Cher Esprit*, à l'exclusion de toute autre.

Toute personne allant trouver un médium doit y aller avec la croyance, avoir toujours des idées honnêtes et envisager toujours l'idée du bien.

Dans toutes les circonstances de la vie où vous éprouvez de la peine et de l'affliction, vous pouvez aller prendre conseil auprès d'un médium ; son esprit protecteur se fera un devoir de vous éclairer et de vous donner de bons conseils sur la ligne que vous devez suivre pour retrouver le droit chemin.

Il en résultera la tranquillité dans votre esprit et par conséquent dans votre intérieur.

Toute personne se sentant souffrante par un malaise, dont elle ne pourrait comprendre la raison, doit aller demander conseil à un médium, qui se fera un plaisir, par son esprit protecteur, de la soulager en lui redonnant l'énergie nécessaire pour son travail qui est de toute utilité.

Un pur-Esprit.

SÉANCES & RÉUNIONS

Les personnes qui assistent à une réunion doivent conserver le plus grand calme et le plus grand recueillement. Avant de commencer la séance, on doit dire plusieurs prières, de façon à n'attirer vers soi que les bons esprits.

Si, dans les réunions, il se trouvait des personnes incapables de se recueillir, il vaudrait mieux s'abstenir que d'importuner les bons esprits, car ils ne pourraient se communiquer, et l'on n'aurait pour résultat que d'attirer les esprits légers ou farceurs, ou les mauvais.

De là viennent parfois des réponses trompeuses faites à plusieurs personnes.

Il faut donc bien se pénétrer que, pour avoir des réunions sérieuses et des réponses efficaces, il faut le recueillement et la prière, et comprendre que les esprits sérieux ne se rendent qu'auprès des personnes sérieuses pour les conduire dans la voie du bien et de la vérité, et les éclairer de leurs bons conseils; et qu'ils ne perdent pas leur temps à instruire des personnes qui ne tiendraient aucun compte de leurs conseils et auraient été attirées dans les réunions par pure curiosité et pour des motifs futiles. Un Esprit supérieur.

CONCLUSION

Il ne faut pas perdre de vue que la mission des esprits sur la terre est d'inspirer chacun, et que les bons font rentrer dans la voie du bien ceux qui l'auraient quittée.

De là bien des conversions; les plus sceptiques viendront un jour eux-mêmes chercher la lumière aux consultations des médiums, et par conséquent sauveront leur âme, après avoir vu leur père ou leur mère pratiquer la vraie croyance.

Laissons donc pour le moment se débattre entre eux ceux qui font des discussions sur les diverses croyances et faisons-leur comprendre avec douceur ce que leur esprit se refuse encore à croire, et un jour viendra où vous tous, frères et sœurs, vous vous tiendrez la main pour vous secourir.

Ne faisons donc de mal à personne, pensons toujours à faire le bien et disons simplement ceci :

« Il faut faire son devoir, bien se conduire.

« Il faut, enfin, croire en Dieu et le prier autant pour soi-même que pour les esprits souffrants. »

Un Esprit familier.

www.ingramcontent.com/pod-product-compliance
Lightning Source LLC
Chambersburg PA
CBHW060920050426
42453CB00010B/1831